HALLO PILZE

LAURENCE KING

Laurence King Verlag GmbH
Jablonskistr. 27
10405 Berlin

Erschienen in Großbritannien 2023 unter dem Titel **Hello Fungi**
bei Laurence King Publishing

ISBN : 978-3-96244-354-2

Hergestellt in China, 1. Auflage Mai 2023

FSC
www.fsc.org
MIX
Paper from responsible sources
FSC® C104740

Fachliche Beratung : Sarah Niemann und Derek Niemann
Übersetzung: Frederik Kugler

Laurence King ist ein Imprint der
Hachette Children´s Group
Part of Hodder and Stoughton
Carmelite House
50 Victoria Embankment
London EC4Y 0DZ

einem Unternehmen von Hachette UK
www.hachette.co.uk
www.hachettechildrens.co.uk
www.laurencekingverlag.de

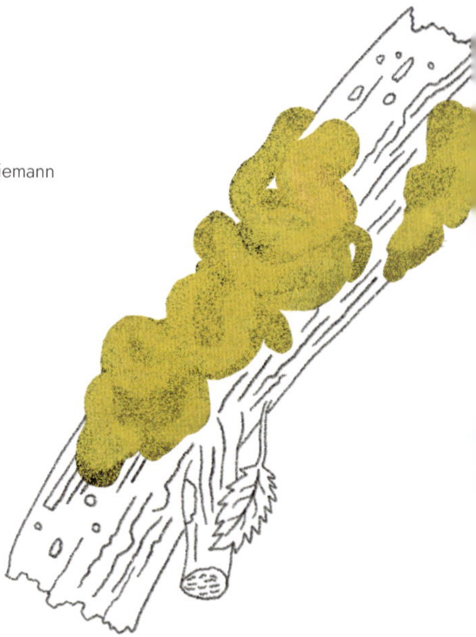

Nina Chakrabarti

HALLO PILZE

Ein kleiner Naturführer

LAURENCE KING

INHALT

06 Was sind Pilze?

08 Winzige Pilze

10 Hilfreiche Pilze

12 Die Zersetzer

14 Lamellen- und Schlauchpilze

16 Röhrlinge

18 Pilzsporen

20 **Aktivität:** Sporen drucken

22 Schleudernde Sporen

24 Trittbrettfahrer

26 Stinkende Pilze

28 Unterirdische Pilze

30 Essbare Pilze

32 **Aktivität:** Pilze auf Toast

34 Bunte Pilze

36 Schräg und sonderbar

38 Seltsam und verrückt

40 Tödliche Pilze

42 Nachts leuchtende Pilze

44 Pilze und Mythen

46 Pilze in der Geschichte

48 Ein Herz für Pilze

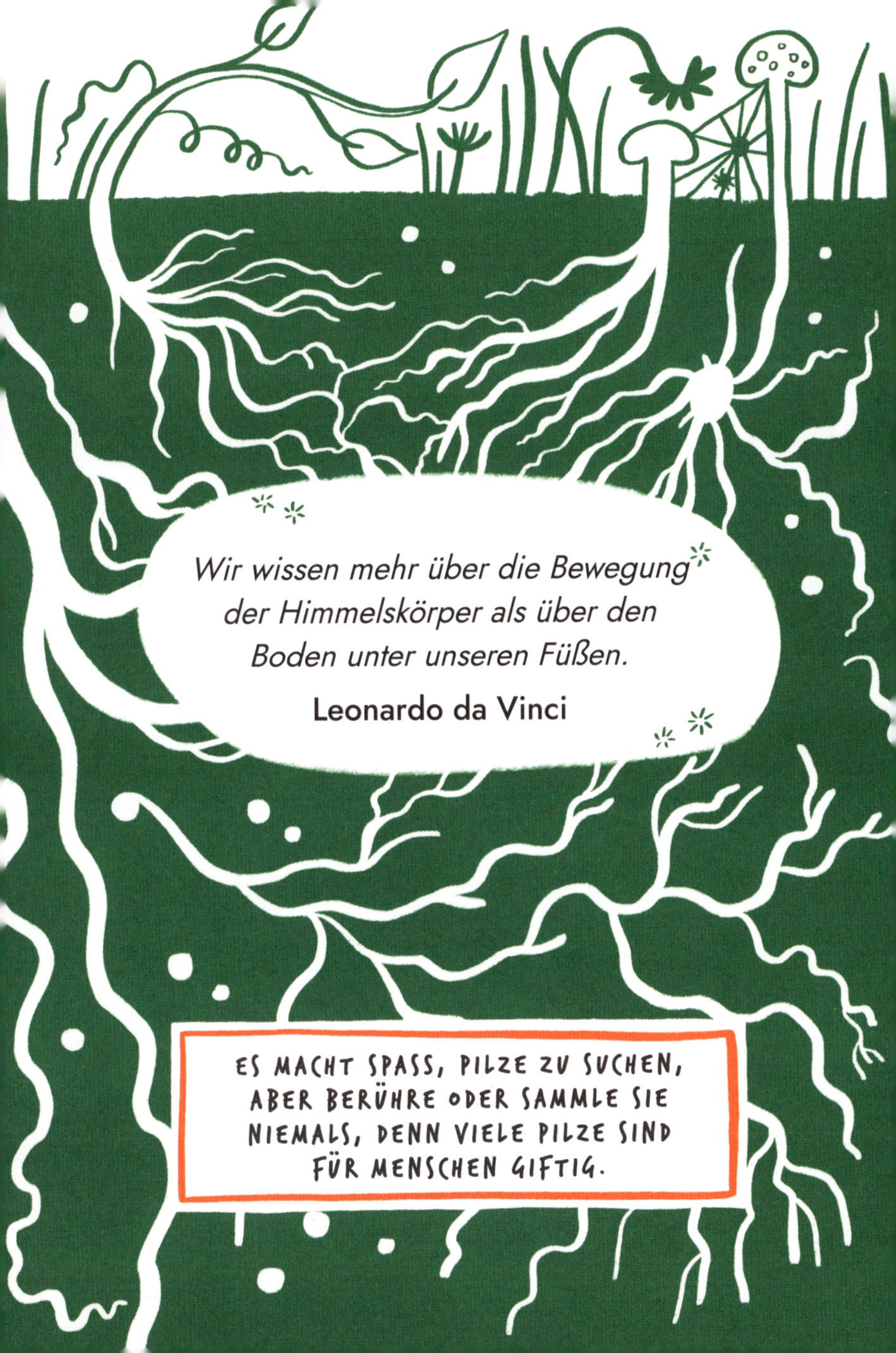

Wir wissen mehr über die Bewegung der Himmelskörper als über den Boden unter unseren Füßen.

Leonardo da Vinci

ES MACHT SPASS, PILZE ZU SUCHEN, ABER BERÜHRE ODER SAMMLE SIE NIEMALS, DENN VIELE PILZE SIND FÜR MENSCHEN GIFTIG.

WAS sind PILZE?

Pilze sind weder Pflanzen noch Tiere.
Sie bilden das eigene Reich der FUNGI.

Diese PILZE hier sind die Früchte eines größeren Pilzes, der unterirdisch wächst.

Dieser unterirdische Teil eines Pilzes wird MYCEL genannt.

Pilze pflanzen sich fort, indem sie SPOREN produzieren. Diese sind so winzig, dass du sie vielleicht gar nicht sehen kannst.

Das Mycel besteht aus winzigen Fäden, den HYPHEN. Sie sehen aus wie ein riesiges Gewirr aus dünnen Schnüren.

WINZIGE PILZE

Hier siehst du alle drei Arten von mikroskopisch* kleinen Pilzen.

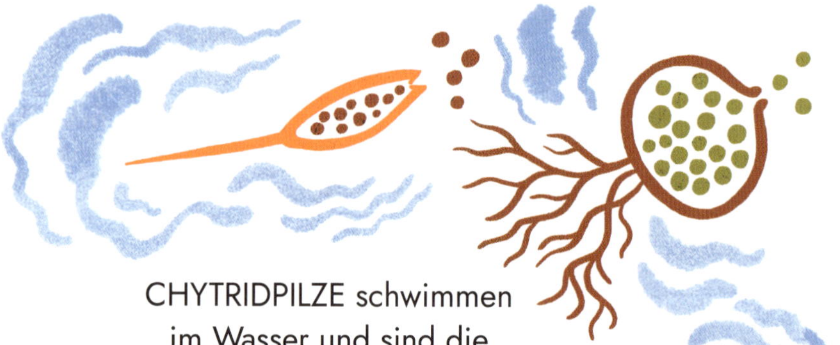

CHYTRIDPILZE schwimmen im Wasser und sind die Vorfahren der ersten Pilze auf der Erde.

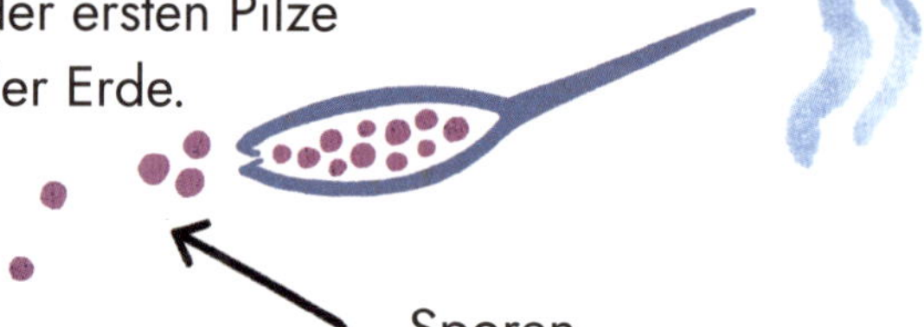

Sporen

HEFEPILZE sammeln sich in Gruppen, statt ein Fadenmycel auszubilden.

Hefen braucht man, um Brot, Bier und viele andere Nahrungsmittel und Getränke herzustellen.

* So klein, dass du ein Mikroskop bräuchtest, um sie sehen zu können.

SCHWARZSCHIMMEL kann Lebensmittel wie Brot und Obst verderben, die zu lange liegengeblieben sind.

BLAUSCHIMMEL (*Penicillium roqueforti*) wird bei der Herstellung von Blauschimmelkäse verwendet. Er ist ungefährlich, und viele Menschen finden ihn sehr lecker!

Einige GRÜNSCHIMMEL helfen dabei, schädliche Bakterien abzutöten.

Penicillium chrysogenum verdanken wir die sehr wichtige Medizin Penicillin, mit der wir bakterielle Infektionen bekämpfen.

HILFREICHE PILZE

MYKORRHIZAPILZE sind die kleinen Helfer der Erde.

Sie bilden ein riesiges unterirdisches Netzwerk, das die Wurzeln der Bäume und Pflanzen mit dem Wasser und den Nährstoffen verbindet, die sie zum Wachsen benötigen.

Das Netzwerk funktioniert wie eine Datenautobahn, die chemische Signale zischen Bäumen und Pflanzen hin- und herschickt.

90 % aller Pflanzen auf der Erde sind auf Mykorrhizapilze angewiesen, um zu überleben.

DIE ZERSETZER

SAPROPHYTISCHE PILZE ernähren sich von toten und verrottenden Pflanzen- und Tierresten.

BRAUNSCHEIBIGER SCHWINDLING

Gymnopus quercophilus

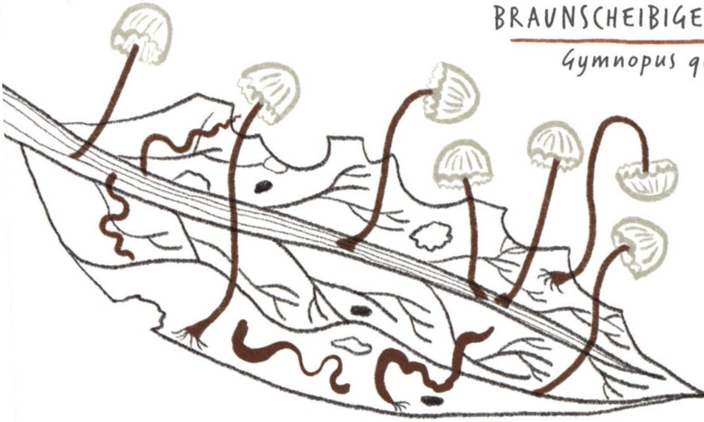

Der Braunscheibige Schwindling ernährt sich von toten Eichenblättern.

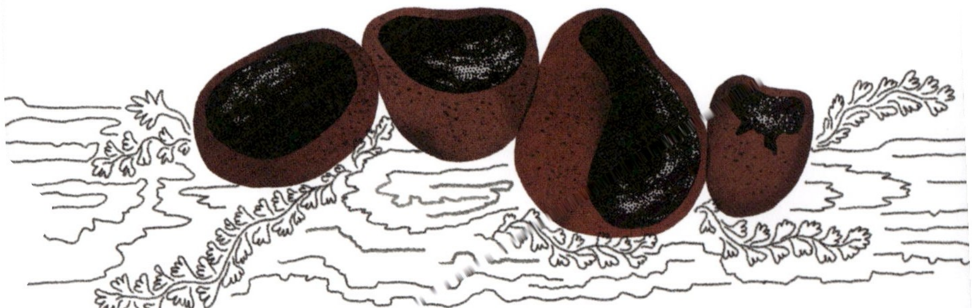

SCHMUTZBECHERLING

Bulgaria inquinans

Der Schmutzbecherling ernährt sich vom verrottenden Holz umgestürzter Bäume.

Es gibt viele Arten saprophytischer Pilze. Sie zählen zur größten Gruppe im Reich der Pilze.

Dieser Pilz ernährt sich von auf den Boden gefallenen Kiefernzapfen.

OHRLÖFFEL-STACHELING

Auriscalpium vulgare

Saprophytische Pilze helfen der Umwelt, indem sie verrottendes und totes Material recyceln und gute Nährstoffe an den Boden abgeben.

LAMELLEN- und SCHLAUCHPILZE

Lamellenpilze produzieren Sporen, die aus den Lamellen unter dem Hut herausfallen.

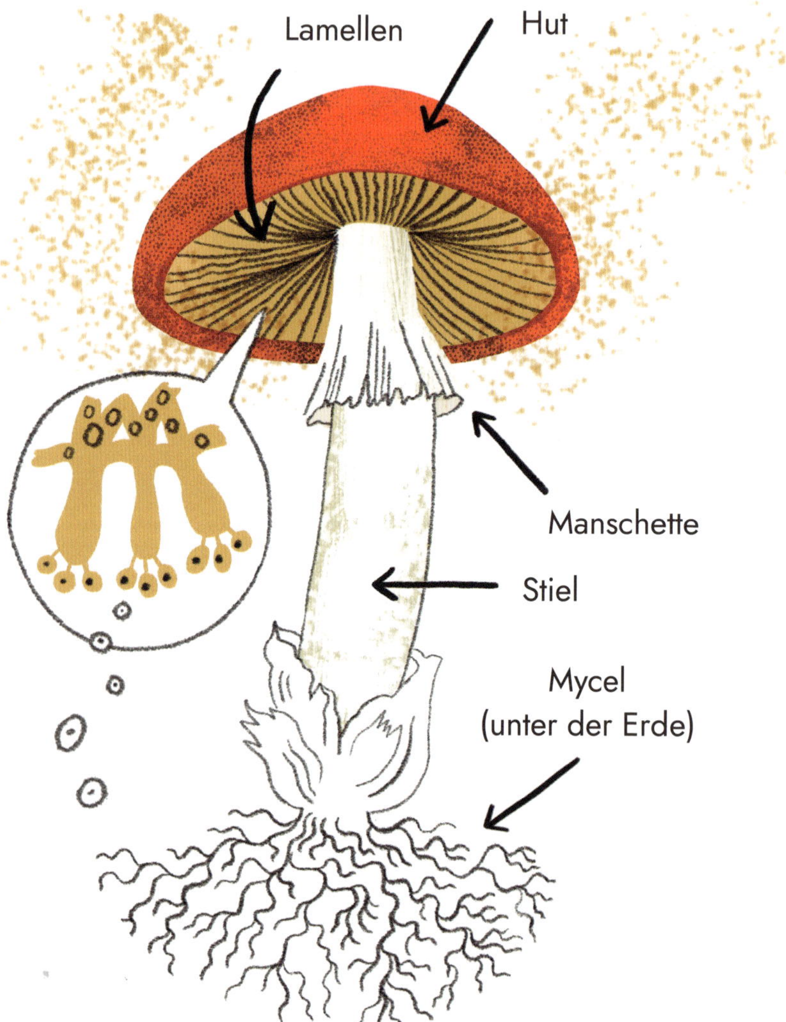

Schlauchpilze produzieren Sporen in ihren becherartig geformten Fruchtkörpern.

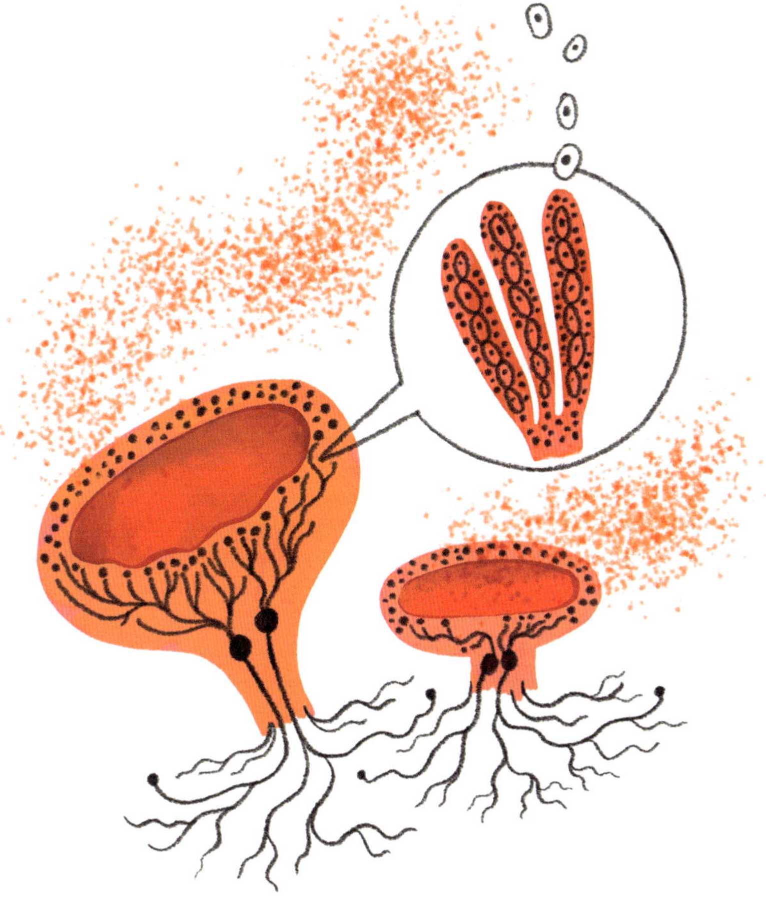

Aus Lamellen- und Schlauchpilzen strömen Millionen von Sporen, die mit dem Wind verbreitet werden.

RÖHRLINGE

STEIN- und BAUMPILZE bilden auf der Hutunterseite einen Schwamm aus, der aus winzigen Poren besteht.

Hinter jeder Pore befindet sich eine winzige Röhre.

STEINPILZ

Boletus

Die meisten BAUMPILZE wachsen aus Baumstämmen und verrottendem Holz, wobei einige auch aus dem Boden wachsen.

Die Sporen werden millionenfach aus den Röhren ausgestoßen.

ZOTTIGER SCHILLERPORLING

Inonotus hispidus

PILZSPOREN

Pilze produzieren Millionen von Sporen in allen möglichen Formen, Größen und Farben.

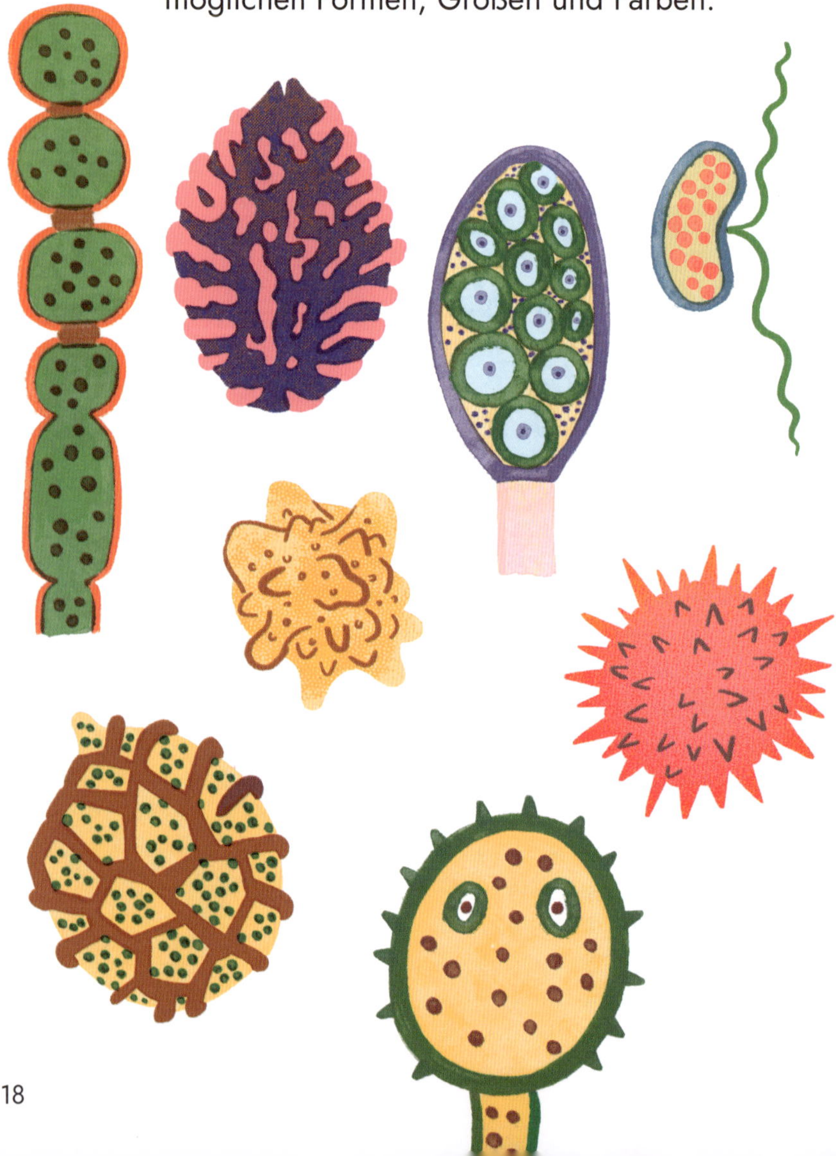

Die Sporen sind winzig und sehen unter einem Mikroskop wie seltsame Aliens aus!

SPOREN DRUCKEN

Du brauchst:

- Pilze
- Papier oder Pappe
- eine Schüssel

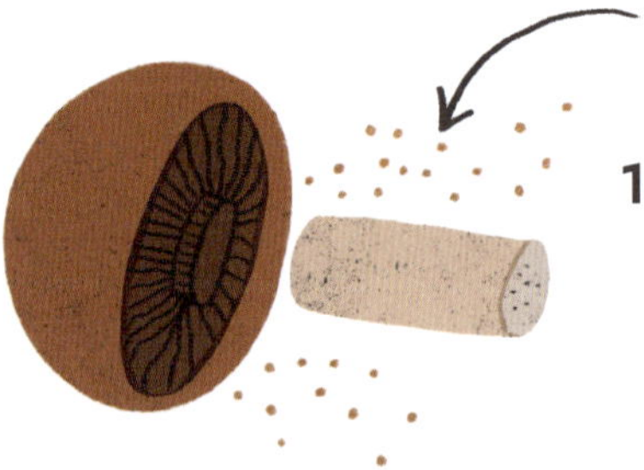

1. Entferne den Stiel und achte darauf, die empfindlichen Lamellen nicht zu verletzen.

2. Platziere den Hut auf dem Papier und stülpe eine Schüssel darüber.

3. Warte 6 Stunden oder länger und entferne dann die Schüssel und den Hut vom Papier. Dein Sporendruck ist fertig!

SCHLEUDERNDE SPOREN

Pilze sind beim Verbreiten ihrer Sporen sehr kreativ.

GEMEINER TIEGELTEUERLING

Crucibulum laeve

Dieser Pilz ist mit winzigen „Eiern“ (Sporenpaketen) gefüllt. Wenn diese vom Regen bespritzt werden, platzen die Pakete auf, und die Sporen schleudern durch die Luft.

FLASCHEN-STÄUBLING

Lycoperdon perlatum

GROSSER NESTERDSTERN

Geastrum fornicatum

TRITTBRETTFAHRER

CORDYCEPS- und OPHIOCORDYCEP-Pilze sind Parasiten und wachsen auf Insekten.

ZOMBIE-AMEISEN-PILZ

ophiocordyceps unilateralis

KÄFERLARVEN-KERNKEULE

ophiocordyceps entomorrhiza

Es gibt Tausende verschiedener Arten von parasitären Pilzen. Jeder von ihnen befällt ein bestimmtes Insekt.

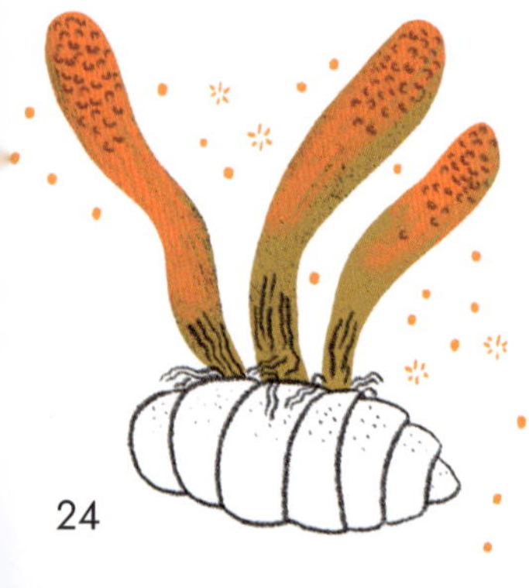

Parasitäre Pilze sorgen dafür, dass die jeweilige Insektenpopulation nicht zu groß wird und die Natur im Gleichgewicht bleibt.

PUPPEN-KERNKEULE

Cordyceps militaris

Der Beschleierte Zwitterling ist ein Pilz, der auf anderen Pilzen wächst, ohne ihnen zu schaden.

BESCHLEIERTER ZWITTERLING

Asterophora parasitica

STINKENDE PILZE

Hundsruten stinken fürchterlich.

HUNDSRUTE

Mutinus caninus

Der fürchterliche Geruch* zieht Fliegen und andere Insekten an, die den Schleim fressen, den der Pilz produziert.

ANEMONEN-STINKMORCHEL

Aseroe rubra

*Eklig für uns, köstlich für Insekten!

UNTERIRDISCHE PILZE

Trüffel sind Pilze, die unterirdisch wachsen – am liebsten neben Eichen, Haselnussbäumen und Buchen.

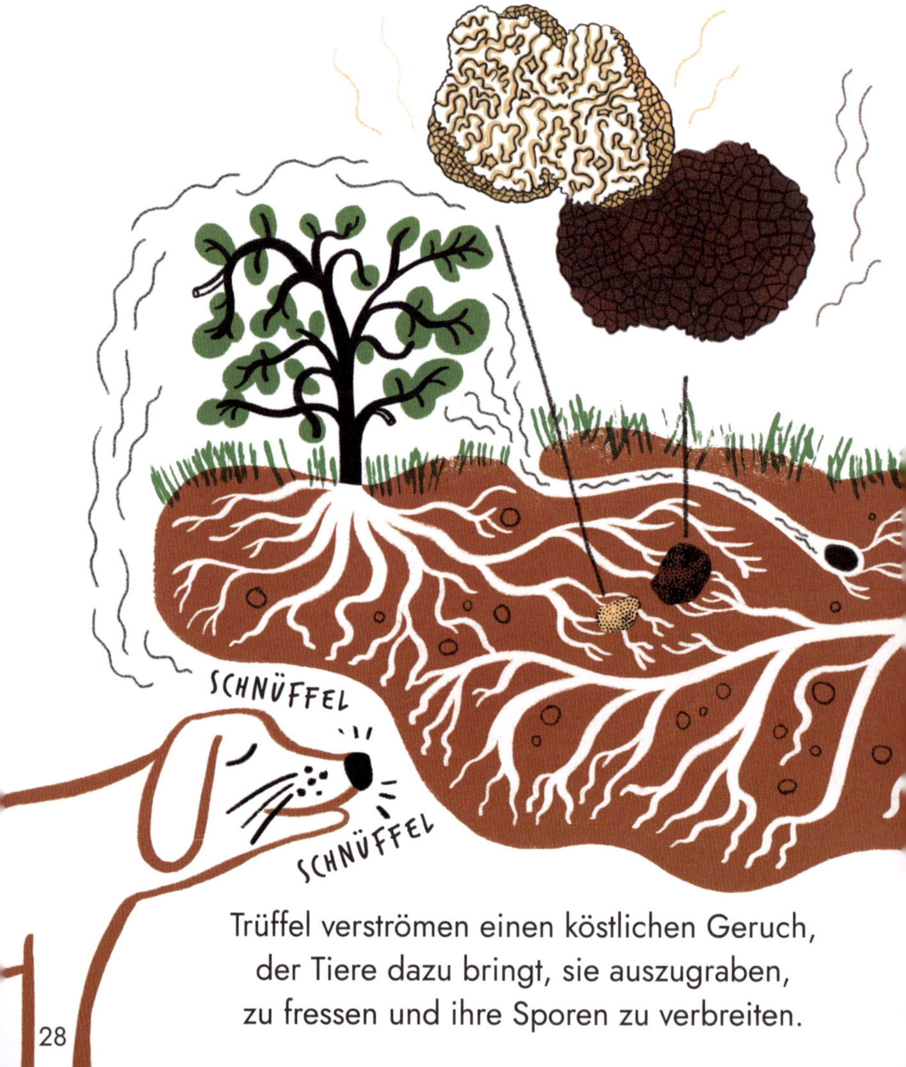

Trüffel verströmen einen köstlichen Geruch, der Tiere dazu bringt, sie auszugraben, zu fressen und ihre Sporen zu verbreiten.

Menschen lieben Trüffel auch und arbeiten mit speziell trainierten Hunden und Schweinen, um sie zu finden!

ESSBARE PILZE

Es gibt alle möglichen leckeren Pilze in Geschäften und auf Märkten.

CHAMPIGNON

Agaricus bisporus

MATSUTAKE

Tricholoma matsutake

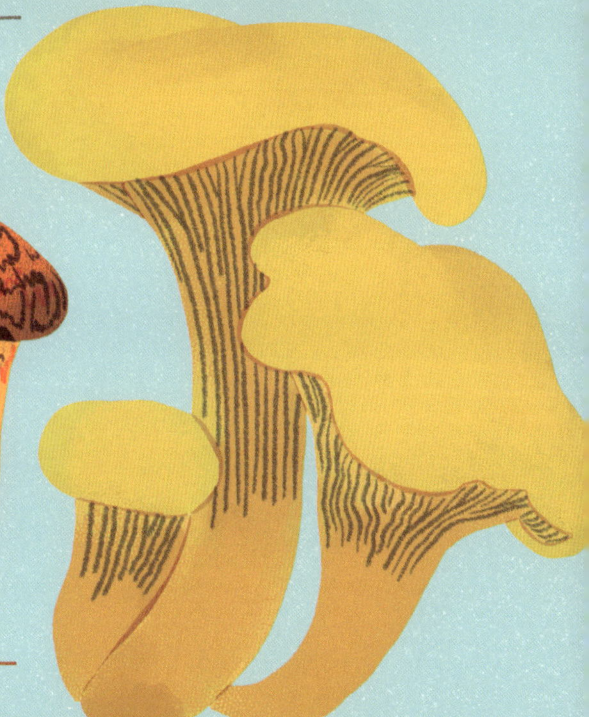

PFIFFERLING

Cantharellus cibarius

Hast du schon einmal einen davon gegessen?

PILZE auf TOAST

Zutaten:

- 500g Champignons oder eine Pilzmischung*, gesäubert und in Scheiben geschnitten
- 2 Knoblauchzehen, fein gehackt
- ein Stückchen Butter oder ein Schuss Olivenöl
- Petersilie, grob gehackt
- Toast und Butter zum Servieren

*Einige Pilzarten in der Natur sind sehr giftig, verwende daher nur Sorten, die du im Geschäft gekauft hast.

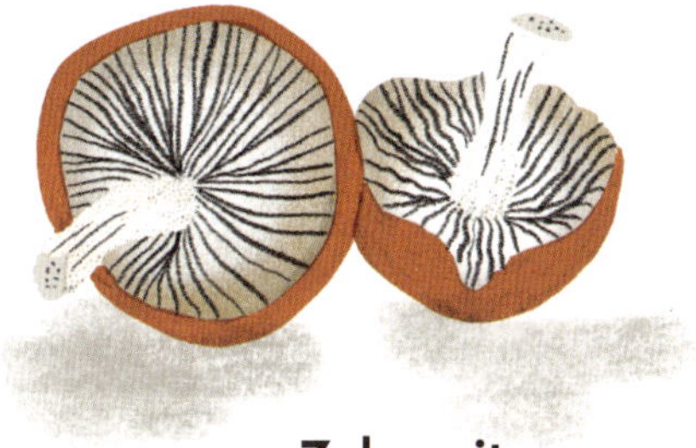

Zubereitung:

*Bitte eine*n Erwachsene*n um Hilfe.*

1. Erhitze eine Pfanne und gib die Butter oder das Olivenöl dazu.

2. Gib die Pilze dazu und brate sie auf mittlerer Hitze an, bis sie weich sind.

3. Gib den Knoblauch dazu und brate alles 3–4 Minuten weiter.

4. Gib die Petersilie dazu und serviere deine Pilze auf heißem, gebuttertem Toast.

Lecker!

BUNTE PILZE

Pilze wachsen überall auf der Welt und in allen Farben des Regenbogens.

ENTOLOMA HOCHSTETTERI

Entoloma hochstetteri

VIOLETTER LACKTRICHTERLING

Laccaria amethystina

ÖSTERREICHISCHER KELCHBECHERLING

Sarcoscypha austriaca

GOLDGELBER ZITTERLING

Tremella mesenterica

ORANGEROTER PORENHELMLING

Favolaschia calocera

FLIEGENPILZ

Amanita muscaria

VIOLETTE KORALLENKEULE

Clavaria zollingeri

SCHRÄG und SONDERBAR

Dieser Pilz sieht aus, als würde Tinte von ihm tropfen.

SCHOPF-TINTLING

Coprinus comatus

Die schwarze, tintenartige Flüssigkeit ist voller Sporen.

Halte auf Rasenflächen, entlang von Straßen und Entwässerungen nach ihm Ausschau.

Und dieser sieht aus wie ein Gehirn!

Der Unterschied zwischen Lorcheln
und Morcheln ist nicht nur ein Buchstabe.
Lorcheln sind giftig, Morcheln nicht.

SELTSAM und VERRÜCKT

Dieser Pilz sieht aus, als würde er bluten.

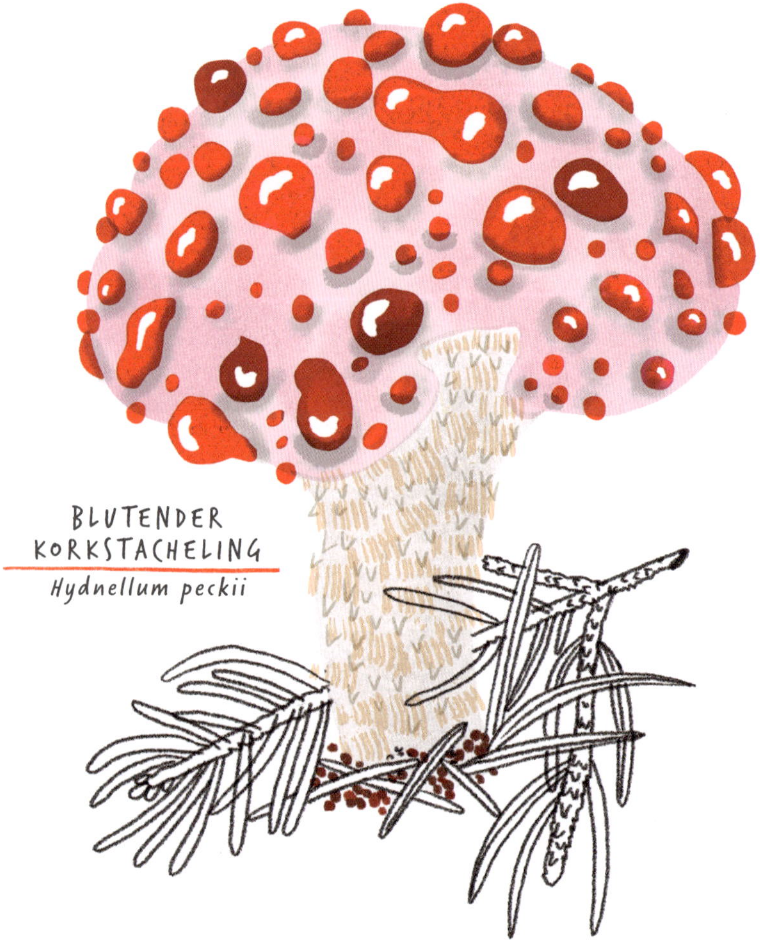

Dieser seltene Pilz wächst in der Nähe von Kiefern.

Dieser sieht aus, als hätte er einen Bart!

IGEL-STACHELBART

Hericium erinaceus

Stachelbärte werden seit Hunderten von Jahren in der chinesischen Medizin verwendet.

TÖDLICHE PILZE

Diese Pilze sind für Menschen giftig.

NUR GUCKEN, NICHT ANFASSEN!

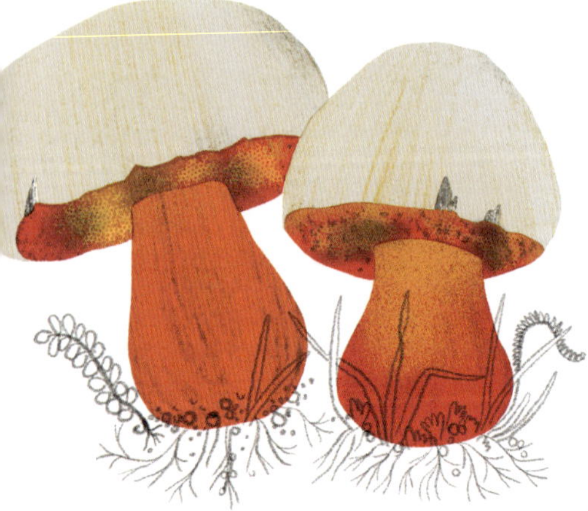

SATANS-RÖHRLING

Rubroboletus satanas

GIFT-HÄUBLING

Galerina marginata

GRÜNER KNOLLENBLÄTTERPILZ

Amanita phalloides

FLEISCHBRAUNER SCHIRMLING

Lepiota brunneoincarnata

RUNZELIGER GLOCKENSCHÜPPLING

Conocybe filaris

PANTHERPILZ

Amanita pantherina

NACHTS LEUCHTENDE PILZE

Einige Pilzarten können ihr eigenes Licht produzieren. Das wird Biolumineszenz genannt.

Es gibt Dutzende Arten von Leuchtpilzen auf der Welt.

Warum sie im Dunkeln leuchten, ist bisher nicht bekannt. Vielleicht, um nachtaktive Insekten anzulocken, damit diese ihre Sporen verteilen. Es geht immer um die Sporen!

PILZE und MYTHEN

Feenringe sind Ringe aus Pilzen,
die auf Wiesen und in Wäldern wachsen.

Der Sage nach treffen sich dort nachts
Feen, Elfen und Hexen, um zu tanzen.

Feenringe entstehen durch das Mycel eines Pilzes, das ringförmig nach außen wächst.

Nach einem Regenfall können die Pilze über Nacht am Rand eines Rings aus dem Boden schießen. Je älter das Mycel, desto größer der Feenring.

PILZE in der GESCHICHTE

Im ALTEN ÄGYPTEN glaubte man, dass der Verzehr von Pilzen unsterblich macht. Nur Pharaos durften sie essen.

Pilze tauchten bereits vor über 4.500 Jahren in der ägyptischen Kunst auf.

Im JAPAN des 17. Jahrhunderts stellten winzige Schnitzereien, Netsuke genannt, oft Pilze dar. Sie sollten Glück bringen.

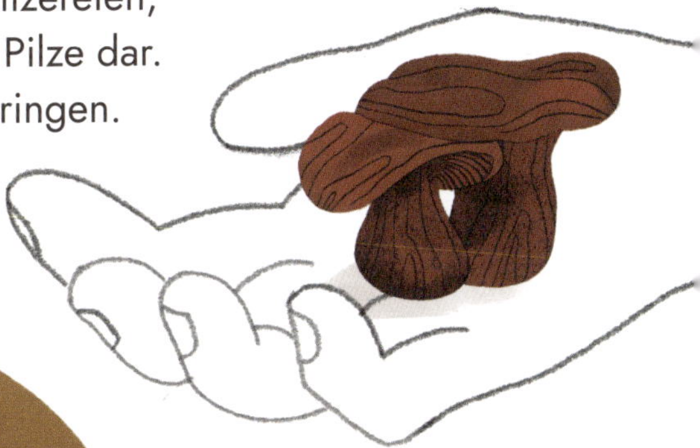

Frühe Kulturen wie die MAYA und AZTEKEN glaubten, dass Pilze mit Blitzen auf die Erde geschickt werden.

Pilzstatue aus Guatemala

EIN HERZ FÜR PILZE

1. Halte nach Pilzen Ausschau.
Zeichne, male oder fotografiere sie.

2. Fasse Pilze in der Natur NICHT an und pflücke sie auch NICHT. Es braucht sehr viel Erfahrung, bis man sicher weiß, welche Pilze essbar und welche giftig sind.

3. Lass tote Baumstämme und heruntergefallene Äste in ihrem eigenen Tempo verrotten. Pilze ernähren sich von ihnen!

4. Achte darauf, in der Natur nicht auf Pilze zu treten.

5. Finde so viel wie möglich über Pilze heraus – es gibt noch so viel zu entdecken und zu lernen!